INVENTAIRE
V 53847

Aux peintres Lyonnais
1852.

GALERIE DES PEINTRES LYONNAIS.

AVIS.

—

Les Musées seront ouverts au public les Dimanches et Fêtes ainsi que les Jeudis, depuis onze heures jusqu'à trois. Les autres jours, MM. les voyageurs y sont admis sur la présentation de leur passeport.

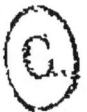

GALERIE

DES

PEINTRES LYONNAIS

PUBLIÉE

par Augustin THIERRIAT,

CONSERVATEUR DES MUSÉES
ET DU PALAIS DES BEAUX-ARTS.

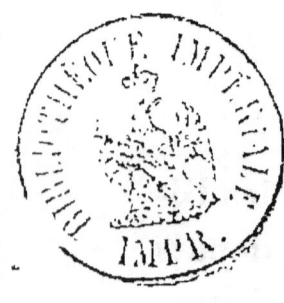

—

Prix : 1 fr.

—

LYON.
IMPRIMERIE DE LOUIS PERRIN,
rue d'Amboise, 6.

—

1859.

EXPLICATION DES PRINCIPALES ABRÉVIATIONS DE LA NOTICE.

T *signifie* peint sur toile.
B   —   —   bois.
Haut. — Hauteur du tableau.
Larg. — Largeur du tableau.
La lettre **M.** précédant un nom d'auteur indique que l'artiste est vivant.

NOTICE HISTORIQUE

DE LA PEINTURE A LYON.

Les premiers temps de la peinture à Lyon sont trop éloignés de nous pour savoir quelque chose de positif sur ce bel art; mais tout fait présumer, en voyant nos mosaïques antiques restaurées et placées dans notre Musée, que les palais qui renfermaient de tels pavés possédaient des peintures murales bien plus précieuses encore.

Malheureusement, sous Néron, un incendie qui ne dura qu'une seule nuit détruisit tous ces chefs-d'œuvre. Lyon éprouva encore une autre grande catastrophe sous l'empire de Sévère. Albin, son compétiteur, fut défait près de notre ville qui avait donné retraite à ce dernier ; Sévère s'en vengea cruellement en détruisant notre cité de fond en comble.

L'établissement définitif de la foi dans la principale ville des Gaules dut faire disparaître et mutiler tout ce que l'incendie et la guerre avaient épargné du paganisme ; aussi trouve-t-on journellement dans la Saône et sur ses bords des fragments de statues en bronze de la plus grande beauté, ainsi que des marbres précieux, tristes restes de ses somptueux palais. A la décadence de l'empire romain, les Bourguignons, peuple barbare et maître de Lyon, conservèrent peu ce qui restait de notre ancienne et belle cité. Sous Clovis et ses enfants, elle devint une province du royaume de France ; sous Conrad, petit-fils de Rodolphe, elle fut de nouveau bourguignonne.

Les Maures d'Espagne s'en rendirent maîtres et la détruisirent. Tous ces siéges et ces changements ne durent guère préserver le peu de chose qui nous restait en monuments et objets d'art après d'aussi grands désastres. Elle tomba ensuite en la puissance de ses archevêques : divers troubles survenus entre les citoyens et les officiers de ces prélats la firent rentrer dans le domaine de la couronne sous Philippe-le-Bel.

Le commerce et les conciles ramenèrent à Lyon beaucoup d'or, et la prospérité dut de nouveau ranimer les arts : alors on vit de beaux manuscrits remplis de peintures relevées d'or et d'argent, enrichies des plus belles couleurs. Dans nos églises parurent des reliquaires couverts de pierres précieuses et d'émaux magnifiques, des vitraux somptueux, des statues et des ornements sculptés. Cette époque fut l'aurore de cette belle Renaissance qui, plus tard, ramena le bon goût des temps antiques.

Sous les rois de France qui traversèrent si souvent notre ville et qui y reçurent de si belles fêtes, se développa le goût de la peinture dans ces arcs de triomphe ornés de tableaux aux devises emblématiques, dans ces grands tournois aux loges et aux tentes couvertes de draps de soie, d'or et d'argent, de pourpre et d'azur, pavoisées de mille bannières, resplendissantes des plus nobles décorations.

Nos célèbres imprimeurs attirèrent et formèrent un grand nombre de dessinateurs, de graveurs au burin et en bois. Les beaux ouvrages qui nous restent encore font l'admiration des peintres et des ornemanistes de notre temps, par la richesse de la composition et le bon goût de leurs frontispices et de leurs lettres ornées.

Malheureusement les guerres de religion détruisirent une grande partie de ces richesses en objets d'art ; les monuments ne furent pas non plus épargnés : le magnifique cloître de St-Just, qui avait servi de séjour aux papes, aux rois, aux reines et aux princes étrangers, contenait des peintures à fresque et des tableaux curieux des premiers temps, donnés par ces illustres voyageurs ; le tout fut brûlé, et le cloître démoli. Les peintres qui passaient dans notre ville pour se rendre à Rome, y faisaient toujours de longues stations ; ils y trouvaient des travaux de tout genre. Plusieurs d'entre eux ont fini par y rester : Stella le père, Vander-Cabel ; Carle Desjardin s'y est marié, ainsi que Jean Asselyn, qui y a épousé la fille d'un marchand d'Anvers ; Claude Lorrain y a séjourné ; Greuze et Prudhon y ont passé plusieurs années.

Le Poussin a fait un long séjour à Lyon auprès de son ami Jacques Stella, et l'avait aidé dans la peinture à fresque de la façade de sa maison, située rue Juiverie (1).

Sous Louis XIII et Louis XIV, notre ville semble se relever de ses désastres si souvent renouvelés. On construit un Hôtel-de-Ville ; de grandes peintures murales et des plafonds

---

(1) En 1804 on voyait encore les restes de cette fresque représentant un Neptune, des chevaux marins et des enroulements de feuilles d'acanthe de la plus grande richesse. Cette maison ayant été blanchie, le badigeon a détruit ce que le temps avait épargné.

de la plus grande dimension sont entrepris par Pantôt, peintre lyonnais, qui s'adjoint le jeune Thomas Blanchet et Rambaud pour ce somptueux travail. Desjardin exécute une statue équestre en bronze, de Louis XIV ; les frères Coustou décorent des bronzes du Rhône et de la Saône, le piédestal de ce chef-d'œuvre, destiné à une place l'une des plus belles de l'Europe. Coysevox, né à Lyon, fait des vierges en marbre qui sont encore admirées de nos jours. Des académies, des sociétés savantes, des collecteurs de tableaux italiens, flamands, allemands, hollandais et français, des collections de gravures de toutes ces écoles, des livres et des curiosités du moyen-âge, forment de riches cabinets qui font de notre cité la ville des beaux-arts.

Sous Louis XVI une révolution terrible éclate ; Lyon en souffre de grandes destructions : les églises, les couvents sont spoliés et vendus ; les châteaux et maisons royales renfermant de riches collections sont brûlés ; des peintures rares, des livres précieux disparaissent dans ces affreux auto-da-fé. Cette lave dévorante se refroidit enfin sur d'immenses ruines; un grand capitaine, de retour de ses conquêtes, vient relever notre ville de ses malheurs; la lumière succède à l'obscurité; le commerce et les beaux-arts viennent de nouveau cicatriser de si douloureuses et profondes plaies.

De grandes façades sont reconstruites; des monuments nouveaux, des musées, des galeries, des jardins publics sont créés, et notre ville reprend son rang parmi les plus belles et les plus riches de l'Europe.

En 1848, Louis-Philippe est renversé; la République est proclamée.

Une statue équestre de la plus grande beauté, création de Lemot (1), né dans notre

---

(1) Le célèbre Lemot (François-Frédéric), élevé par son talent à la dignité de baron, chevalier de l'ordre royal de St-Michel, officier de la Légion-d'Honneur, était le fils d'un menuisier de la rue Noire.

ville, est menacée de destruction par des gens étrangers à notre cité. Les magistrats et les artistes sont en émoi; le peuple vient pendant la nuit garder ce chef-d'œuvre, et le préserver de toute mutilation.

Nos musées sont visités par ces derniers avec le plus grand calme; ils promettent de défendre au péril de leurs jours, contre tout malfaiteur, ces galeries qui, les dimanches et jours de fêtes, sont leur plus douce et plus instructive récréation.

Création de la Galerie lyonnaise.

Depuis longtemps on avait l'intention de transporter dans la galerie supérieure du Palais des Beaux-Arts les toiles des peintres lyonnais qui figuraient parmi les anciens tableaux des différentes écoles dans la grande galerie du Musée : cette amélioration avait toujours été ajournée. M. Reveil, notre ancien maire, dont l'activité est incessante, a voulu réaliser ce projet et montrer aux visiteurs étrangers que notre ville, toute commerçante, s'occupe aussi des beaux-arts avec succès.

Enfin ce magistrat, dans sa prévoyante administration, veut compléter cette riche collection en acquérant les œuvres des peintres de cette ville qui n'y figurent pas encore.

L'empereur Napoléon, après avoir créé un musée, fonda une école des beaux-arts afin de former des dessinateurs habiles, pour conserver aux étoffes lyonnaises la suprématie qu'elles avaient sur les étoffes étrangères. De cette école sont sortis les peintres et les dessinateurs dont les œuvres décorent en grande partie la galerie lyonnaise, ouverte le 16 février 1851.

GALERIE

DES

PEINTRES LYONNAIS.

ADVINENT (Etienne-Louis), né à Lyon en 1767, mort à Marseille en 1831, élève de la nature.

1. — Marché d'animaux.

Ce tableau, d'une couleur vigoureuse et vraie, d'une exécution soignée, a été donné au Musée par l'auteur.

Signé et daté 1822.

T. — Haut. 66 c. — Larg. 81 c.

ARTAUD (Antoine-François-Marie), né à Avignon en 1767, mort à Orange en 1838, élève de Saint, peintre en miniature.

2. — Son portrait à l'âge de 30 ans.

Artaud est venu très jeune à Lyon, et y a passé la plus grande partie de sa vie.

Artaud était directeur général de l'école des Beaux-Arts, créateur des Musées de Lyon, académicien libre de l'Académie des Inscriptions et Belles-Lettres de l'Institut de France, chevalier des ordres royaux de St-Michel et de la Légion-d'Honneur, administrateur à vie du Musée Calvet, d'Avignon.

Ce savant antiquaire a fondé le Musée lapidaire, le Musée des tableaux ; il a réuni quatre mosaïques de la plus grande beauté dans nos galeries ; il a fait plusieurs ouvrages sur les antiquités de Lyon, qu'il a légués à l'Académie des Sciences et Arts de cette ville.

Dessin légué au Musée par M. Artaud.

Haut. 29 c. — Larg. 24 c.

BERJON (Antoine), né à Lyon en 1750, mort dans la même ville en 1843, élève de Perrache.

3. — Corbeille de Fleurs groupées avec des Fruits.

Tableau acquis par les soins de M. le comte de Sathonay, ancien maire de Lyon.

T. — Haut. 1 m. 12 c. — Larg. 90 c.

4. — Les Raisins.

Petite coupe en albâtre remplie de raisins blancs, posée sur un socle de granit rouge.

T. — Haut. 8 c. — Larg. 11 c.

5. — Les Pivoines.

Groupe de fleurs aux trois crayons, dessiné sur papier gris.

Haut. 75 c. — Larg. 60 c.

6. — Groupe de Fleurs.

Dans un vase d'albâtre, des pivoines, des roses, des tulipes et d'autres fleurs posées sur une table de marbre.

Signé et daté, Lyon 1813.

T. — Haut. 63 c. — Larg. 48 c.

7. — Groupe de Fruits.

Raisins, pêches et pommes dans une coupe d'albâtre.

Signé.

T. — Haut. 63 c. — Larg. 48 c.

8. — Nature morte.

Coquillages et madrépores.

Signé et daté Lyon 1810.

T. — Haut. 73 c. — Larg. 55 c.

9. — Le Dessert.

Dessin aux trois crayons. — Des raisins noirs et blancs, des pommes et d'autres fruits déposés sur une table de cuisine.

Signé et daté 1836.

Haut. 66 c. — Larg. 81 c.

10. — Les Fleurs.

Des tulipes, des giroflées, ainsi que des roses, composent ce joli bouquet.

T. — Haut. 55 c. — Larg. 41 c.

11. — Les Coquelicots.

Dessin aux trois crayons sur papier teinté.

Signé et daté 1825.

Haut. 40 c. — Larg. 35 c.

12. — Le Cadeau.

Pêches, melons, raisins, poires et pommes sur une table de marbre.

Ce bon tableau avait été donné par son auteur à son ami Augustin Abille, peintre en miniature; il a été acquis pour notre Musée au décès de ce dernier.

Signé et daté 1797.

B. — Haut. 32 c. — Larg. 40 c.

13. — Etude de Fleurs.

Groupe d'hortensias et de cressendes; dessin aux deux crayons sur papier teinté.

Signé.

Haut. 75 c. — Larg. 60 c.

14. — Portrait miniature.

Ce portrait est celui de Berjon, peint par lui à l'âge de soixante-cinq ans.

Haut. 12 c. — Larg. 12 c.

15. — Un Coq suspendu par la patte.

Aquarelle.

Signée et datée 1810.

Haut. 85 c. — Larg. 57 c.

16. — Un Lièvre, nature morte.

Cette aquarelle a toute la vigueur d'une peinture à l'huile.

Signée et datée 1810.

Haut. 85 c. — Larg. 57 c.

Nota. — On doit aux soins de M. Clément Reyre, ancien premier adjoint, remplissant les fonctions de M. le Maire, l'acquisition de ces dessins et tableaux pour notre Musée, ainsi que l'achat d'un grand nombre de bons modèles du même maître, pour l'instruction des élèves de l'Ecole des Beaux-Arts.

M. BIARD (Auguste), né à Lyon, chevalier de la Légion-d'Honneur, élève de Pierre Revoil.

17. — Une Sibylle disant la bonne fortune à des jeunes filles.

Ce tableau, plein de vérité et d'harmonie, est un des premiers ouvrages qui ont commencé la grande réputation de cet artiste.

T. — Haut. 1 m. — Larg. 1 m. 55 c.

18. — Baie de la Magdeleine.

Au Spitzberg, par les 79° 35^m latitude nord., M. Biard s'est représenté dans son tableau peignant ce triste pays et ces neiges éternelles. — Donné au Musée par M. le Ministre de l'intérieur.

Signé.

T. — Haut. 1 m. 78 c. — Larg. 2 m. 20 c.

BIDAULT (Pierre-Xavier), né à Carpentras en 1745.

19. — Un Clair de lune.

Ce peintre peut être considéré comme Lyonnais, car il a passé la plus grande partie de sa vie à Lyon, où il est mort en 1813.

Paysage pris sur les bords du Rhône, près Lyon.

T. — Haut. 60 c. — Larg. 80 c.

20. — Oiseaux morts.

B. — Haut. 27 c. — Larg. 19 c.

21. — Nature morte.

B. — Haut. 27 c. — Larg. 19 c.

Ces trois tableaux ont été acquis par les soins de M. le comte d'Albon, ancien maire de Lyon.

BOISSIEU (Jean-Jacques de), né à Lyon en 1736, mort dans la même ville en 1810, élève de Frontier.

22. — Marché d'animaux.

Les tableaux de ce peintre sont très rares. Son occupation ordinaire était de graver à l'eau-forte le grand nombre de beaux dessins qu'il avait faits d'après nature. Cet ouvrage, peint d'une manière légère, transparente, est touché finement.

Ce tableau a été acquis pour notre Musée par M. Prunelle, ancien maire de Lyon.

T. — Haut. 54 c. — Larg. 75 c.

23. — Le Ballon, dessin.

Ce ballon, le premier qui fut lancé, dans l'hiver de 1784, a été dessiné pour conserver à la postérité l'époque de cette invention remarquable. M. de Boissieu s'est représenté lui-même dans la foule avec toute sa famille. La scène se passe aux Broteaux ; le fond du paysage offre la vue de l'Hôpital et du coteau de Fourvière.

Donné au Musée par la famille de l'auteur.

Haut. 58 c. — Larg. 56 c.

24. — Portrait de M. Montgolfier, inventeur des aérostats, dessiné à la mine de plomb sur peau de vélin.

Signé et daté 1784.

Haut. 27 c. — Larg. 24 c.

25. — Portrait de M. de la Salle, habile mécanicien, dessiné au crayon noir.

Haut. 30 c. — Larg. 27 c.

26. — Portrait du frère de M. de Boissieu, graveur.

Dessin légué au Musée, en 1845, par M. Garcin, dessinateur de broderies sous l'Empire.

Haut. 55 c. — Larg. 26 c.

27. — Dessin à l'encre de Chine, représentant une vue de Rome Rippa-Grande.

Dans le fond on distingue l'hôtel des Maltais.

Ce bel ouvrage a été donné au Musée par la famille de M. de Boissieu, après la mort de l'auteur.

Signé et daté 1790.

Haut. 60 c. — Larg. 54 c.

28. — Jeune femme pinçant de la mandoline.

Ce portrait représente Mlle de Valous, mariée à Jean-Jacques de Boissieu, peintre, graveur et dessinateur habile.

Légué au Musée par M. Roccofort de Vinnière.

B. — Haut. 21 c. — Larg. 15 c.

M. BONIROTE (Pierre), né à Lyon, élève de Claude Bonnefond.

29. — Vue d'Athènes.

La Romayka, danse grecque, à la tribune aux harangues. Dans le fond est l'Acropole.

Ce tableau a été peint d'après nature quand M. Bonirote était professeur de peinture à l'Ecole d'Athènes.

Acquis par les soins de M. Reyre, premier adjoint. Signé et daté Athènes 1842.

T. — Haut. 1 m. 50 c. — Larg. 1 m. 70 c.

30. — Origine de la fabrication des étoffes de soie à Lyon, en 1536.

Barthélemi Nariz et Etienne Turquetti de Chérusco en Piémont, marchands d'étoffes de soie qu'ils tiraient d'Italie, obtiennent des conseillers-échevins une somme d'argent et l'autorisation de monter des métiers à Lyon. (J.-B. MONFALCON, *Hist. de Lyon.*)

Ce bon tableau, d'une couleur douce et harmonieuse,

et sagement composé, a été acquis pour le Musée par M. Reveil, maire de Lyon, en 1850.

Signé et daté 1849.

T. — Haut. 96 c. — Larg. 1 m. 40 c.

M. BONNEFOND (Claude), né à Lyon, chevalier de la Légion-d'Honneur, élève de Pierre Revoil.

31. — La cérémonie de l'eau sainte dans l'église des Grecs catholiques, à Rome.

Un vieillard est présenté par ses enfants au patriarche qui le bénit.

Cet ouvrage remarquable, acheté par la ville, doit être regardé jusqu'ici comme le chef-d'œuvre de l'auteur.

Signé et daté Rome 1830.

T. — Haut. 1 m. 84 c. — Larg. 2 m. 42 c.

32. — Un officier grec blessé devant les murs d'une ville prise d'assaut.

Tableau donné par l'auteur.

Signé et daté Rome 1826.

T. — Haut. 2 m. — Larg. 1 m. 75 c.

33. — Le portrait de Jacquard peint d'après nature.

Assis dans son atelier, ce mécanicien célèbre médite les perfectionnements du métier qui a rendu tant de service aux manufactures lyonnaises. On retrouve dans ce portrait, d'une ressemblance parfaite, tout le talent qui distingue le peintre qui l'a exécuté.

Commandé par M. Prunelle, ancien maire de Lyon, sur les fonds légués par M. Groguard aîné.

Signé et daté 1831.

T. — Haut. 2 m. 33 c. — Larg. 1 m. 72 c.

34. — Un Berger de la campagne de Rome déplorant la perte de sa chèvre.

Acheté par la ville.
Signé et daté 1836.

T. — Haut. 60 c. — Larg. 75 c.

35. — Portrait d'Antoine Coysevox, sculpteur, né à Lyon en 1640, mort à Paris en 1720.

Louis XIV lui donna une pension de quatre mille livres. Coysevox fut élevé à la dignité de chancelier de l'Académie.

Commandé pour le Musée de Lyon, sur les fonds Groguard, par M. Christophe Martin, ancien maire de Lyon.

T. — Haut. 1 m. 12 c. — Larg. 86 c.

36. — Le mauvais Propriétaire.

Insensible aux prières d'une famille éplorée qui ne peut payer le terme échu de son loyer, cet homme inexorable, tenant d'une main un écriteau sur lequel on lit : *Chambre à louer*, montre de l'autre l'hôpital de Lyon, et congédie ces pauvres malheureux.

Les magistrats de Lyon, vrais protecteurs de nos artistes, ont cru devoir procurer les honneurs du Musée à cet ouvrage.

Signé et daté 1821.

T. — Haut. 1 m. 30 c. — Larg. 1 m. 63 c.

37. — Une Pèlerine accablée de fatigue.

Pendant l'année sainte, des pèlerins exténués de fatigue étaient souvent recueillis par des religieux et conduits par eux à Rome.

Légué au Musée par M. Gaspard Dorel, en 1850.

T. — Haut. 1 m. — Larg. 82 c.

BONY (Jean-François), né à Givors, mort à Paris.

38. — Un Vase de bronze rempli de fleurs rares.

Sur le devant, on voit un nid et des oiseaux étrangers becquetant des groseilles.

Feu M. Bony, peintre, dessinateur et fabricant distingué, a donné ce tableau au Musée.

Signé et daté 1812.

T. — Haut. 1 m. 21 c. — Larg. 95 c.

39. — Le Printemps.

Des fleurs pour une fête sont placées dans un tombeau antique qui sert de réservoir à une fontaine de villa romaine.

Signé et daté 1804.

T. — Haut. 1 m. 90 c. — Larg. 1 m. 36 c.

40. — L'Eté.

Des fleurs, des fruits, des épis de blé sont posés en offrande sur un autel, près de la statue de Cérès.

Ces deux tableaux ont été acquis pour le Musée par les soins de Clément Reyre, premier adjoint.

Signé et daté 1804.

T. — Haut. 1 m. 90 c. — Larg. 1 m. 36 c.

M. CINIER (Antoine-Ponthus), né à Lyon, 2ᵉ prix de Rome au grand concours du paysage historique en 1841 ; élève de la nature.

41. — Le Printemps.

Pastorale d'après Virgile, acquis pour le Musée, en 1846, par les soins de M. Clément Reyre, premier adjoint.

Signé et daté 1845.

T. — Haut. 84 c. — Larg. 1 m. 26 c.

M. DUBUISSON (Alexandre), né à Lyon, élève d'Hersent.

42. — Chevaux de poste.

Une grande et vaste écurie servant de relai à des chevaux de poste.

Acquis par les soins de M. Terme, maire de Lyon. Signé et daté 1841.

T. — Haut. 24 c. — Larg. 92 c.

43. — Vue prise entre Valence et Tournon. Attelage de chevaux faisant le service des remontes de bateaux sur le Rhône.

Ce tableau, plein de mouvement et largement touché, est l'œuvre capitale de son auteur.

Acquis par les soins de M. Terme, maire de Lyon. Signé et daté 1843.

T. — Haut. 1 m. 63 c. — Larg. 2 m. 18 c.

M. DUCLAUX (Antoine), peintre et graveur à l'eau-forte, né à Lyon, élève de Grognard et de Revoil.

44. — Deux Taureaux luttant ensemble sur le devant d'un paysage.

Un site pittoresque pris aux environs de Lyon, des animaux purement dessinés et bien peints, une composition pleine de goût, se font remarquer dans ce bon tableau.

Donné par le Gouvernement.

T. — Haut. 1 m. 27 c. — Larg. 1 m. 36 c.

45. — Une Halte d'artistes lyonnais à l'Ile-Barbe, près de Lyon.

Le peintre, auteur de cette scène amusante, a voulu réunir dans un seul cadre nos artistes lyonnais. On y reconnaît les principaux élèves de Pierre Revoil:

MM. Bonnefond, Genod, Trimolet, Thierriat, Jacomin, Rey, Reverchon et Legendre-Hérald, statuaire.

Acheté par la ville de Lyon.

Signé et daté 1824.

T. — Haut. 90 c. — Larg. 1 m. 53 c.

46. — Lutte de Taureaux.

Ce beau tableau, plein de vie et de mouvement, fort de ton et finement dessiné, place cet artiste consciencieux au premier rang des peintres d'animaux.

Acquis par les soins de M. Reyre, premier adjoint. Signé et daté 1844.

T. — Haut. 78 c. — Larg. 1 m. 28 c.

47. — Ecurie de la Tête-d'Or, près de Lyon.

Notre galerie ne possédait pas de tableaux d'intérieur de Duclaux ; M. Charles Michel a fait l'acquisition de cet ouvrage pour l'offrir au Musée. Ce bon tableau peut se placer dignement à côté des œuvres flamandes et hollandaises.

Signé et daté 1837.

T. — Haut. 44 c. — Larg. 70 c.

ÉPINAT (Fleury), né à Montbrison en

1764, mort à Lyon en 1830, élève de Louis David.

48. — La fraîche matinée, paysage.

Ce peintre a passé la plus grande partie de sa vie dans notre cité, et s'y est marié.

Epinat a peint la figure, le genre et de nombreuses décorations pour les fêtes de la République en 1793.

M. FAIVRE-DUFFER (Louis-Stanislas), né à Nancy, élève d'Orsel.

49. — Jugement de Marsyas.

Copie d'après Raphaël, exécutée dans le palais du Vatican.

T. — Haut. 1 m. 24 c. — Larg. 1 m. 9 c.

50. — Jugement de Salomon.

Copie d'après Raphaël.

T. — Haut. 1 m. 24 c. — Larg. 1 m. 9 c.

51. — L'Astronomie.

Copie d'après Raphaël.

T. — Haut. 1 m. 24 c. — Larg. 1 m. 9 c.

52. — Adam et Eve.

Copie d'après Raphaël.

T. — Haut. 1 m. 24 c. — Larg. 1 m. 9 c.

Ces copies ont été commandées pour le Musée, en 1845, par M. Terme, maire de Lyon, député du Rhône.

FLANDRIN (René-Auguste), né à Lyon en 1804, mort dans la même ville en 1842, élève d'Ingres et de Richard.

53. — Une Prédication.

Cette prédication au moyen-âge se passe dans l'église de San-Miniato, à Florence.

Un moine prêche la parole de Dieu, il est écouté avec le plus grand recueillement par des groupes de jeunes femmes et leurs enfants, ainsi que par quelques chevaliers et autres personnages.

La mort a frappé bien jeune l'auteur de cet ouvrage, qui promettait de faire encore de grands progrès dans la carrière que ses deux frères, Hippolyte et Paul, parcourent avec tant de distinction.

Acquis par les soins de M. Terme, maire de Lyon. Signé.

T. — Haut. 1 m. 46 c. — Larg. 1 m. 96 c.

54. — Portrait de Dominique de Colonia.

Jésuite, bibliothécaire du collége de la Trinité, auteur d'une Histoire littéraire de Lyon, né à Aix en Provence le 20 août 1660, mort à Lyon le 12 septembre 1741.

Commandé pour le Musée par M. Christophe Martin, ancien maire de Lyon.

T. — Haut. 2 m. 8 c. — Larg. 1 m. 40 c.

M. FLANDRIN (Hippolyte), officier de la Légion-d'Honneur, né à Lyon, élève de M. Ingres.

55. — Le Dante, conduit par Virgile, visite et console les envieux, frappés d'aveuglement.

Toutes les ombres sont vêtues d'un cilice, et couchées les unes contre les autres le long d'une étroite corniche de rochers, suivant l'arrêt de la Justice divine. Le Dante, qui vient d'interroger un des plus âgés parmi les envieux, écoute sa réponse et le récit de ses fautes.

Signé et daté Rome 1835.

T. — Haut. 2 m. 92 c. — Larg. 2 m. 46 c.

56. — Euripide écrivant ses tragédies dans une grotte de l'île de Salamine.

M. Flandrin prouve dans cette belle étude qu'il peint les chairs et les draperies avec une égale supériorité.

T. — Haut. 1 m. 90 c. — Larg. 1 m. 30 c.

FONVILLE (Victor), élève de la nature.

57. — Vue de Lyon.

Prise des hauteurs du faubourg Saint-Clair. Dans le fond on voit la montagne du Pilat, le cours du Rhône, ainsi qu'une partie des Alpes.

Ce tableau est un des bons ouvrages de Fonville.

Acquis par les soins de M. Clément Reyre, premier adjoint, en 1843.

Signé et daté 1842.

T. — Haut. 1 m. 29 c. — Larg. 1 m. 40 c.

GALLAY (Jean-Baptiste), né le 22 mai 1820 à la Guillotière, mort aux Barolles, près de Lyon, le 14 décembre 1848, élève d'Augustin Thierriat.

58. — Un Bouquet composé de marguerites, capucines et autres fleurs.

Cet ouvrage, le meilleur de Gallay, jeune artiste de la plus grande espérance, a été acquis, par les soins de M. Reveil, maire de Lyon, pour notre Musée.
Signé et daté 1841.

Haut. 82 c. — Larg. 63 c.

M. GENOD (Michel), né à Lyon, élève de Pierre Revoil.

59. — La Fête du grand'-père.

Le vieillard est entouré de sa famille; une jeune mère lui présente son nouveau-né.

Cette composition, inspirée par le sentiment, fait honneur à M. Genod, qui se distingue toujours par le bon goût et l'heureux choix de ses sujets.
Signé.

T. — Haut. 1 m 75 c. — Larg. 2 m. 42 c.

60. — Les Adieux d'un militaire français.

Un jeune grenadier est forcé de faire céder au devoir sa tendresse filiale; il laisse, en partant, à sa jeune sœur, le soin de veiller sur les vieux jours de son père.

Signé et daté 1824.

T. — Haut. 1 m. 3 c. — Larg. 84 c.

61. — Le baron Maupetit, né à Lyon, commandant en chef au siége de Zamora en Espagne.

Le tableau représente ce général dans la principale batterie de brèche, venant d'ordonner le feu.... Peu après la ville fut prise d'assaut par les Français.

Commandé par la mairie sur les fonds Grognard.

T. — Haut. 2 m. 40 c. — Larg. 1 m. 70 c.

M. GROBON (Michel), né à Lyon, élève de Prudhon pour la peinture et de Boissieu pour la gravure.

62. — Les Aqueducs romains, ajustés sur le devant d'une vue prise à Saint-Just, faubourg de Lyon.

Signé et daté 1806.

T. — Haut. 93 c. — Larg. 1 m.

63. — Vue de la cathédrale de Saint-Jean, à Lyon, prise du quai Saint-Antoine.

M. Grobon a fait une belle gravure à l'eau forte de ce tableau.

Ces deux ouvrages placent M. Grobon au premier rang parmi les peintres de Lyon : il a su inspirer le goût et le fini précieux des maîtres flamands et hollandais aux élèves qu'il a formés.

M. le comte de Fargues, maire de Lyon, a fait l'acquisition de ces tableaux pour le Musée de notre ville.

Signé et daté 1804.

B. — Haut. 60 c. — Larg. 1 m.

64. — Un jeune Elève préparant les couleurs de son maître.

Signé et daté 1794.

B. — Haut. 42 c. — Larg. 33 c.

65. — Le Pigeonnier de Roche-Cardon, près de Lyon.

Ce tableau a été acheté par la ville. Il a été gravé à l'eau-forte, d'après nature, par l'auteur.

B. — Haut. 33 c. — Larg. 51 c.

66. — Le petit Rémouleur.

Signé et daté 1794.

B. — Haut. 42 c. — Larg. 33 c.

67. — Un Moulin sur le Rhône, près de Lyon.

On trouve dans ce dessin une extrême finesse d'exécution, ainsi qu'une grande vérité d'imitation, toutes choses qui caractérisent ordinairement les ouvrages de M. Grobon.

Légué au Musée par M. Roccofort de Vinnière.

Signé et daté 1827.

Haut. 20 c. — Larg. 25 c.

68. — Vue d'un petit Moulin qui se voyait autrefois dans la vallée de Roche-Cardon, près de Lyon.

Légué au Musée par M. Roccofort de Vinnière.

L'achat que l'administration municipale a fait des ouvrages de M. Grobon en différents temps, prouve l'estime qu'elle a toujours eue pour la personne et les talents de cet habile peintre.

Signé et daté 1808.

B. — Haut. 25 c. — Larg. 35 c.

69. — Une Tête d'étude.

Un des premiers essais en peinture de cet habile maître.

Légué au Musée par M. Roccofort de Vinnière.

T. — Haut. 45 c. — Larg. 38 c.

GROGNARD (Alexis), ancien professeur à l'Ecole impériale des Beaux-Arts, né à Lyon en 1765, mort dans cette ville en 1840.

70. — Son Portrait peint par lui à l'âge de 20 ans.

Donné au Musée par l'auteur.

T. — Haut. 64 c. — Larg. 50 c.

GUINDRAND (Antoine), né à Lyon en 1801, mort dans la même ville en 1843, élève de Michallon (Achille-Etna).

71. — Vue prise près d'Allevard, en Dauphiné.

Cet ouvrage, d'un grand effet, d'un coloris fin et vigoureux, a été acheté par la ville.

T. — Haut. 1 m. 18 c. — Larg. 1 m. 66 c.

72. — La Moisson.

Cette vue est prise à St-Cyr-au-Mont-d'Or, près de Lyon. Ce tableau doit être considéré comme l'un des meilleurs ouvrages qui soient sortis du pinceau de Guindrand. Cette peinture est la dernière de cet artiste infortuné (1).

Acquis pour le Musée par M. Christophe Martin, ancien maire de Lyon.

Signé et daté 1839.

T. — Haut. 78 c. — Larg. 1 m. 30 c.

GUICHARD (Joseph), né à Lyon, élève de M. Ingres.

73. — La mauvaise Pensée.

Acquis par les soins de M. Christophe Martin, ancien maire de Lyon.

Signé et daté 1832.

T. — Haut. 1 m. 15 c. — Larg. 88 c.

74. — Le Rêve d'amour, allégorie.

(1) Guindrand est mort fou.

Donné par le Gouvernement.

Signé.

T. — Haut. 2 m. 60 c. — Larg. 3 m. 25 c.

75. — Son portrait peint par lui.

Donné par M. Guichard.

T. — Haut. 1 m. 30 c. — Larg. 98 c.

76. — Tête d'étude.

Un juif, marchand de curiosités, tient à la main un flacon de porcelaine du Japon.

Acquis par les soins de M. Terme, maire de la ville de Lyon.

Signé et daté 1840.

T. — Haut. 1 m. — Larg. 95 c.

HENNEQUIN (Philippe-Auguste), né à Lyon en 1763, mort à Tournay en 1836, élève de Louis David.

77. — Saül, la Pythonisse d'Endor et l'ombre de Samuel, esquisse.

Donné au Musée par M. C. Michel en 1851.

T. — Haut. 80 c. — Larg. 66 c.

M. JACOMIN (Jean-Marie), né à Lyon, élève de Pierre Revoil.

78. — La bonne Mère.

Cette pauvre femme s'est assise devant la porte d'une taverne ; tandis qu'elle regarde avec satisfaction le plus jeune de ses enfants, sa petite fille tend la main pour demander l'aumône, et son jeune fils, appuyé sur les genoux de sa mère, semble dormir d'un profond sommeil. Cette peinture, sagement conçue, porte l'empreinte d'une âme douce et sensible ; une exécution fine et suave y ajoute le charme des bons ouvrages flamands.

Acquis par la ville.
Signé et daté 1824.

T. — Haut. 99 c. — Larg. 75 c.

79. — Portrait du chevalier Revoil, ancien professeur de peinture à l'Ecole des Beaux-Arts de Lyon.

M. Jacomin a fait cet ouvrage d'après une étude peinte d'après nature, qui est de la plus parfaite ressemblance.

Commandé par la ville sur les fonds Grognard.
Signé et daté 1847.

T. — Haut. 1 m. 34 c. — Larg. 1 m. 5 c.

M. JACQUAND (Claude), né à Lyon, chevalier de la Légion-d'Honneur, élève de F. Richard.

80. — Thomas Morus en prison, visité par sa femme et sa fille.

Signé et daté 1827.

T. — Haut. 1 m. 4 c. — Larg. 91 c.

81. — L'aveu.

Un capucin au tribunal de la Pénitence confesse à son supérieur ses péchés.
Donné au Musée par M. le Ministre de l'intérieur.
Signé et daté 1840.

T. — Haut. 2 m. 10 c. — Larg. 1 m. 85 c.

LEYMARIE (Hippolyte), peintre et graveur à l'eau-forte, né à Lyon en 1810, mort à Saint-Rambert-en-Bugey en 1844, élève de Guindrand.

82. — Vue de Saint-Guilhem-du-Désert (Cévennes).

Ce beau paysage est le meilleur tableau de ce peintre, mort bien jeune.

Acquis par M. Reveil, maire de Lyon, sur la présentation de M. Fraisse, adjoint.

Signé.

T. — Haut. 83 c. — Larg. 1 m. 28 c.

MAGNIN (André), né à Lyon en 1794, mort à Bologne en 1824, élève de Pierre Revoil et de Guérin.

83. — Joas sauvé des massacres d'Athalie.

Ce tableau sagement conçu et très bien exécuté, a mérité, au salon de Paris, une récompense à son auteur. Son style, simple et noble, prouve assez que les peintres de Lyon peuvent s'élever à la hauteur du genre historique.

M. le Maire, voulant encourager le talent de cet artiste, s'est empressé de faire acheter par la ville ce bon ouvrage.

Signé.

T. — Haut. 94 c. — Larg. 80 c.

MANGLARD (Adrien), né à Lyon en 1696, mort à Rome en 1760; son maître est inconnu.

84. — Marine.

Ancienne fortification sur le bord de la mer.
Acquis par les soins de M. Reyre, premier adjoint.
T. — Haut. 97 c. — Larg. 1 m. 30 c.

MONTESSUY, né à Lyon.

85. — Une Fête de paysans dans une maison rustique, à Cervara (Apennins), dans les Etats-Romains.

Ce bon tableau, fait à Rome, place son auteur au premier rang des peintres précieux et consciencieux de notre école française.
Signé.
T. — Haut. 70 c. — Larg. 1 m. 6 c.

ORSEL (Victor), né à Oullins près de Lyon en 1795, mort à Paris le 31 octobre 1850, élève de Revoil et de Pierre Guérin.

86. — Moïse présenté à Pharaon.

« Pharaon, épouvanté de l'accroissement du peuple hébreu en Egypte et des prédictions sinistres de l'un de ses devins, avait ordonné de faire périr, au moment de leur naissance, tous les enfants mâles des Israélites, et de punir de mort les parents qui tenteraient de les sauver. Aram, père de Moïse, et Jocabed, sa mère, après l'avoir caché pendant trois mois, craignant enfin d'être découverts et de voir frapper leur famille entière, exposèrent leur fils sur le Nil, dans un panier d'osier, et laissèrent près de lui Marie, sa sœur, pour veiller à ce qu'il deviendrait.

« Termutis, fille de Pharaon, allant se baigner dans le fleuve avec ses compagnes, trouva l'enfant, le fit retirer de l'eau, quoiqu'elle le reconnût pour hébreu, et demanda une nourrice. La jeune sœur de Moïse, feignant de se rencontrer là par hasard, offrit à la princesse de lui procurer, pour l'allaiter, une femme israélite. Termutis y ayant consenti, Marie alla chercher Jocabed, sa mère, et toutes deux suivirent la princesse au palais, sans qu'on sût que l'enfant leur appartînt. »

Le moment choisi pour le tableau est celui où Termutis montre le petit Moïse à Pharaon, et demande sa grâce, en exprimant le désir de l'élever dans le palais. Marie se réjouit déjà en pensant au bonheur de son frère ; Jocabed réprime la joie de sa fille, dans la crainte d'être toutes deux reconnues, et attend avec anxiété la résolution du roi à l'égard de son enfant. L'une des deux compagnes de Termutis présente Moïse, l'autre apporte les objets qui ont servi au bain de la princesse ; le fils du roi (depuis Ramsès V) se tient derrière son père : ce fut lui qui, plus tard, périt dans la mer Rouge en poursuivant les Hébreux ; auprès de lui est un prêtre vu de face.

Ce grand ouvrage, d'une belle ordonnance, a été exécuté à Rome et commandé par la ville de Lyon ; il se fait remarquer par la noblesse de la composition et le choix du sujet, par la sagesse de l'exécution et la fidélité des costumes. On voit qu'il répond victorieusement au reproche que l'on a fait à l'école lyonnaise de ne produire que des peintures de genre.

Signé et daté Rome 1830.

T. — Haut. 3 m. 66 c. — Larg. 5 m.

87. — Adam et Eve auprès du corps d'Abel.

Caïn s'enfuit chargé de la malédiction de son père ; Eve semble partagée entre la douleur que lui cause la mort de son fils et le sentiment pénible que lui fait éprouver la juste colère d'Adam.

Commandé par la ville de Lyon.

Signé et daté Rome 1824.

T. — Haut. 2 m. 87 c. — Larg. 3 m. 30 c.

PERLET (Pétrus), né à Lyon le 18 juin 1804, mort à Paris en 1843, élève du baron Gros et d'Ingres.

88. — Emigration des Religieux de la Trappe.

En 1793, lors de la suppression des ordres religieux, le frère Don Augustin, trappiste, réunit les religieux de son Ordre près de la grotte de Saint-Bernard, et les exhorte à le suivre en Suisse.

Acheté à la vente de Perlet, et donné au Musée par ses amis.

Signé.

T. — Haut. 1 m. 63 c. — Larg. 1 m. 30 c.

PETIT-JEAN (Marie) née Trimolet, née à Lyon en 1795, morte dans la même ville en 1831, élève de son frère Anthelme Trimolet.

89. — Le premier exploit d'un chasseur.

Acquis par la ville.
Signé et daté 1827.

T. — Haut. 81 c. — Larg. 1 m.

PILLEMENT (Jean), né en 1728, mort à Lyon en 1808.

90. — Pont rustique construit sur des rochers.

Ce peintre a peint des animaux, des paysages, des fleurs et des chinoiseries. Sa touche est de la plus grande fermeté.

Donné au Musée par M. C. Michel.

T. — Haut. 42 c. — Larg. 60 c.

REVOIL (Pierre), chevalier de la Légion-d'Honneur, ancien professeur de peinture à l'Ecole royale des Beaux-Arts, né à Lyon en 1776, mort à Paris en 1842, élève de Louis David.

91. — Un Tournoi.

54.

Le sire Renaud et le seigneur de Léon, à la tête de la noblesse bretonne, sont venus frapper un tournoi à Rennes ; les joutes à la lance courtoise ont succédé à ce combat à la foule. Un jeune fils de preux entre en lice, et y triomphe de quatorze chevaliers ; tous désirent apprendre son nom. Renaud veut tenter de le vaincre, mais il baisse humblement sa lance devant lui. Alors un chevalier de Normandie, habile à faire sauter les *heaumes*, est envoyé contre cet inconnu. Vains efforts ! le Normand succombe. Un héraut assisté de deux poursuivants d'armes, accourt pour relever le vaincu au moment où il est assez heureux pour frapper son adversaire au front et lui soulever sa visière. Le héraut d'armes qui reconnaît le fils de Renaud, son maître, élève la main, et proclame le nom de Bertrand du Guesclin. Renaud, que la curiosité vient d'attirer sur les échafauds, témoigne la surprise et la joie. Le héraut de Léon sonne la victoire de Bertrand, tandis que deux poursuivants rassemblent les tronçons des lances, et en délivrent de neuves. Dans le fond, au centre, la loge des quatre juges : Rohan, Saint-Pern, Châtel-Briand et Beaumanoir. L'un deux montre le prix de la joute, qui est un cygne en argent. A droite et à gauche, les loges des dames, ornées des écus offerts par les vainqueurs. La duchesse de Bretagne occupe le milieu de celle de gauche. La troupe des combattants paraît au bas d'une cathédrale. Au premier plan est la principale entrée du champ clos, gardée par un soldat. Deux mâts portent les écus des chevaliers *tenants*, ainsi que les bannières du tournoi, sur lesquelles on lit, en vieux langage : *A biaux faicts, biaux loz* : à belles actions, belles louanges.

Ce tableau, exposé au salon de 1814 sous le n° 762, a été donné par M. Revoil au Musée de Lyon. Il sera toujours regardé comme un monument curieux, pour les costumes et les jeux guerriers des chevaliers français du XIVe siècle.

T. — Haut. 1 m. 33 c. — Larg. 1 m. 69 c.

92. — Dessin à l'encre de Chine.

Le duc d'Albret enseignant à son petit-fils Henri IV à tirer de l'arbalète.

Légué au Musée par François Artaud, ancien directeur général.

Signé : P. R.

T. — Haut. 20 c. — Larg. 24 c.

93. — Les Souvenirs.

Mme de la Vallière aux Carmélites, s'arrêtant devant un lis.

Dessin sur papier teinté.

Légué au Musée par M. Artaud.

Signé : P. R.

Haut. — 18 c. — Larg. 13 c.

M. RICHARD (Fleury), chevalier de l'ordre de Saint-Michel et de la Légion-d'Honneur, né à Lyon, élève de Louis David.

94. — Le Tasse et Montaigne.

Vers l'an 1572, l'illustre auteur de *la Jérusalem délivrée*, égaré par une passion dangereuse, fut renfermé dans l'hôpital des fous, à Ferrare, par les ordres du grand-duc Alphonse d'Est. Là, exposé aux regards, ce malheureux poète servait à amuser l'oisive curiosité des étrangers. A son passage dans cette ville, Michel Montaigne alla le voir, et crut remarquer en lui une véritable aliénation.

« J'eus plus de dépit encore que de compassion, dit-il, de le voir à Ferrare en si piteux état, survivant à soi-même, et méconnaissant et soi et ses ouvrages. »

Ce tableau intéressant et d'un bel effet a été acquis en 1823, pour le Musée de Lyon, par M. le baron Rambaud, ancien maire de la ville.

Signé et daté 1821.

T. — Haut. 1 m. 33 c. — Larg. 1 m.

95. — Vert-Vert.

Sœur Rosalie, au retour des matines,
Plus d'une fois lui porta des pralines.

C'est dans ces vers que M. Richard a puisé le sujet de ce joli tableau.

T. — Haut. 57 c. — Larg. 45 c.

96. — Artaud, antiquaire, copiant une inscription dans le temple de Diane, à Nîmes.

Dessin sur papier teinté.
Légué au Musée par M. Artaud.

T. — Haut. 53 c. — Larg. 45 c.

M. SAINT-JEAN (Simon), chevalier de la Légion-d'Honneur, né à Lyon, élève d'Augustin Thierriat.

97. — Fleurs et Fruits.

Des fleurs et des fruits déposés dans une coupe de bronze posée sur une table de marbre.
Acquis pour le Musée par M. Martin, ancien maire de Lyon.
Signé et daté 1830.

T. — Haut. 63 c. — Larg. 78 c.

98. — Une jeune Fille portant des fleurs.

Acquis pour le Musée par M. Martin, ancien maire de Lyon.

Signé et daté 1837.

T. — Haut. 1 m. 60 c. — Larg. 1 m. 18 c.

99. — Groupe de Fleurs.

Un vase de bronze, dans la forme de ceux de Médicis, contient des roses thé, pavots, roses trémières, tulipes, roses mousseuses, etc. Des raisins rouges déposés sur une table de pierre terminent cette composition.

Acquis pour notre Musée par les soins de M. Terme, maire de Lyon, en 1841.

Signé et daté 1840.

T. — Haut. 1 m. 28 c. — Larg. 1 m.

100. — Tête de Christ dans un médaillon entouré des emblèmes eucharistiques.

Acquis par les soins de M. Terme, maire de Lyon, en 1842.

Signé et daté 1841.

T. — Haut. 1 m. 32 c. — Larg. 1 m. 15 c.

101. — Offrande à la Vierge.

Cet ouvrage, un des meilleurs de M. Saint-Jean, place cet artiste au premier rang des peintres de fleurs.

Acquis pour notre Musée eu 1843, par les soins de M. Terme, ancien maire de Lyon.

T. — Haut. 1 m. 20 c. — Larg. 1 m.

M. SOULARY (Claude), né à Lyon, élève de Revoil et du baron Gros; maintenant directeur de l'Ecole des Beaux-Arts, à Saint-Etienne.

102. — **Le comte Ugolin, dans les fers, est condamné à mourir de faim avec ses enfants.**

M. Soulary a rendu ce sujet avec l'énergie et l'effet convenables.

Signé.

T. — Haut. 1 m. 33 c. — Larg. 1 m. 9 c.

STELLA (Jacques), né à Lyon en 1596, mort à Paris en 1657, élève de son père.

103. — **L'Adoration des Anges.**

L'enfant Jésus, dans les bras de la Vierge, est adoré par les esprits célestes. Dans le nombre de ceux qui considèrent l'humble crèche où vient de naître le Sauveur du monde, il en est un qui soulève et baise avec respect la paille sur laquelle il a reposé. Dans la partie supérieure du tableau, de petits anges déploient la légende : *Gloria in excelsis*. Dieu le Père et le Saint-Esprit apparaissent dans leur gloire, et semblent fixer l'attention de Marie.

Les Cordeliers de Lyon possédaient ce tableau de l'Adoration des Anges dans leur chapelle de Saint-Luc, dite des Peintres. Ils avaient accordé gratuitement le droit de sépulture au pied de leur maître-autel à la famille de Stella, en reconnaissance des ouvrages de son père, qu'ils ne croyaient pas avoir assez payés. Cet ouvrage, perdu pendant la tourmente révolutionnaire de 1793, a été acheté par M. Mayeuvre de Champvieux, en 1807, pour le Musée.

Ce tableau est signé : *Stella faciebant* 1605. Il est à présumer que le père et le fils réunis ont fait cet ouvrage.

T. — Haut. 1 m. 37 c. — Larg. 2 m.

M. TRIMOLET (Anthelme), né à Lyon, élève de Pierre Revoil.

104. — Intérieur d'un atelier où se trouvent M. Eynard, médecin, et M. Brun, mécanicien de Lyon.

Ce bon tableau place son auteur au premier rang des peintres français. Le précieux fini de son pinceau égale les peintures hollandaises.

Acquis par les soins de M. Martin, ancien maire de Lyon.

T. — Haut. 54 c. — Larg. 45 c.

WERY (Pierre-Nicolas), né à Paris en 1770, mort en 1827 à Lyon, où il a passé la plus grande partie de sa vie, élève de la nature.

105. — Vue de l'aqueduc d'Ecully près de Lyon.

Ce monument romain s'est écroulé depuis quelques années.

Acquis par les soins de M. Terme, maire de Lyon. Signé.

T. — Haut. 32 c. — Larg. 39 c.

Artistes anciens de notre cité qui ne figurent pas dans la Galerie des Peintres lyonnais.

Aucune ville de France, après la Capitale, n'a produit plus d'artistes que Lyon. Après de longues recherches, je viens reproduire leurs noms dans les pages qui suivent. Il est probable que j'en ai omis quelques-uns, mais, à mesure que je les connaîtrai, je les ajouterai plus tard à la liste que je donne.

Peintres.

1 **ACIER** (Cl.), né en 1630.
2 **AUDIBERT**, peintre d'ornements en 1749, a décoré le théâtre de Nîmes.
3 **AUDRAN** (Claude), peintre dessinateur du roi, né en 1658.
4 **BERTIN** (Ramus), peintre du XVIe siècle, a peint, en 1577, les vitraux de la chapelle de St-Roch, à Paris.

5 BLANC (Horace LE), élève de Lanfranc.
6 BLANCHET (Thomas), établi fort jeune à Lyon, y est mort.
7 BOURNE.
8 BURON, peintre à fresque dans l'église de Ste-Croix, à Lyon, 1689.
9 CHABRY, (Marc), peintre et sculpteur, né en 1660.
10 CHARMETON (Georges), élève de Jacques Stella.
11 CHENAVARD (Aimé), peintre ornemaniste, né en 1798.
12 CRESTET (Jean) a peint la Bourse du Palais des Arts.
13 DECHAZELLES (Pierre), peintre et dessinateur de fleurs, né en 1751.
14 DE LA PIERRE.
15 DESPREZ (Jean-Louis), peintre et architecte, mort à Stockolm en 1804.
16 DUBOST (Antoine), peintre d'histoire et de chevaux né en 1769.
77 GRANDON, maître de Greuze.
18 GUICHOT, (Jean), peintre et dessinateur, né en 1719.
19 JEAN DE LYON, peintre au XVIe siècle, disciple de Jules Romain.
20 LASSALLE (Pilippe), célèbre dessinateur.

21 MAIGNAN (Jean), à la fin du XVIe siècle.
22 MARTEL-ANGE.
23 MARTEL-ANGE eut trois fils qui furent peintres, puis se firent jésuites.
24 MOREL (Jean-Marie), paysagiste.
25 PANTOT, chargé, en 1665, de peindre les plafonds de l'Hôtel-de-Ville.
26 PECHEUX (Laurent), directeur-professeur à l'Ecole de Turin.
27 PERRÉAL (Jean), peintre, ainsi que ses deux sœurs.
28 REVEL (Jean), élève de Lebrun.
29 RIVET, dessinateur et peintre.
30 SARRABAT (Daniel), peintre.
31 SORLIN.
32 STELLA (François).
33 STELLA-BOUSSONNET (Antoine), neveu de Jacques, peintre et graveur.
34 VANDE, peintre de portraits, en 1633.
35 VARENNE (DE), peintre, professeur pour la fleur en 1802.
36 VIVIEN (Joseph).

Sculpteurs.

1 **BLAISE**, né en 1738, maître de Chinard.
2 **CHABRY** fils.
3 **CHINARD** (Joseph), né en 1756.
4 **COUSTOU** (Nicolas), né en 1658, a fait la figure en bronze de la Saône.
5 **COUSTOU** (Guillaume), élève de Coysevox, né en 1677, a fait la figure du Rhône.
6 **COUSTOU** (Guillaume), neveu de Nicolas, né en 1716.
7 **COYSEVOX** (Antoine), né en 1640.
8 **GENDREY** (Martin) a fait les sculptures de l'Hôtel-de-Ville de Lyon.
9 **GUILLERMIN** (Jean-Baptiste), sculpteur en ivoire, a fait le Crucifix d'Avignon.
10 **JAYET** (Clément), auteur de la statue d'Uranie sur la colonne de la place des Cordeliers de Lyon.
11 **LACOLLONGE** (DE), élève de Coysevox.
15 **LAMOUREUX**, élève de Coustou, né en 1674.

13 LEMOT (le baron François), auteur de la statue de Louis XIV sur la place de Bellecour, à Lyon, érigée en 1825 ; né en 1771.
14 MICHALON (Claude), élève de Coustou, né vers 1751.
15 MIMEREL, né vers le milieu du XVIIe siècle.
16 PERRACHE (Michel), né en 1686.
17 PERRACHE (Antoine), fils de Michel, né en 1726.
18 PONCET.
19 ROUBILLAC (Louis-François), mort à Londres en 1762.
20 THIERRY (Jean), mort en 1669.

Graveurs.

1 AUDRAN (Girard), né en 1640.
2 AUDRAN (Germain), né en 1631.
3 AUDRAN (Benoît), dessinateur et graveur, né en 1661.
4 AUDRAN (Jean), né en 1667.
5 AUDRAN (Louis), né en 1670.

6 **BERNARD-SALOMON**, né vers 1512.
7 **BOILY**, né en 1785.
8 **BRUNAND** (Claudine), dessins et gravure.
9 **CARS** (Jean-François), graveur de portraits.
10 **CARS** (Laurent), fils du précédent, né en 1703.
11 **CRUGHE**, graveur sur bois au XVIe siècle.
12 **DAUDET** (Robert), né en 1757.
13 **DESROCHERS** (Etienne-Jehandier), graveur du roi.
14 **DREVET** (Pierre), né en 1664.
15 **DREVET** (Claude), neveu de Pierre, né en 1710.
16 **FARJAT** (Benoît), né en 1646, avait épousé la fille du Bolognèse.
17 **BURET** (Grégoire), dessinateur, né en 1610.
18 **MAGNIN**, graveur en 1744.
19 **MONI** (Jean), graveur sur bois dans le XVIe siècle.
20 **POILLY**, à la fin du XVIIe siècle.
21 **STELLA** (Claudine Boussonnet), né en 1634.
22 **STELLA** (Françoise), sœur de Claudine, né en 1636.
23 **MATHIEU** (Georges), graveur sur bois.

SUPPLÉMENT.

ALLEMAND (Hector), peintre de paysage et graveur à l'eau-forte, élève de la nature.

106. — La fin d'un Orage.

Vue prise aux environ de Crémieu (Isère).
Donné au Musée par M. Ch. Michel fils.
Signé et daté 1851.

T. — Haut. 45 c. — Larg, 67 c.

BAILE (Joseph), né à Lyon, le 3 septembre 1819, décédé le 11 mars 1856, élève d'Augustin Thierriat.

107. — Fleurs au bas d'un rocher.

Ce bon Tableau a été acquis pour notre Musée, par M. le Sénateur Vaïsse.
Signé et daté 1851.

T. — Haut 1 m. 40. c. — Larg. 1 m. 7 c.

108. — Nid d'Oiseaux groupé avec des Fruits.

Signé et daté 1853.

Acquis pour notre Musée par M. le Sénateur, en 1854.

T. — Haut. 90 c. — Larg. 70 c.

BELLAY (François), peintre et graveur à l'eau-forte, né à Lyon, mort à Rome, élève de Pierre Revoil.

109. — La Voiture publique.

Donné au Musée par M. Ch. Michel fils.
Signé et daté 1822.

T. — Haut. 22 c. — Larg. 28 c.

BERJON (Antoine).

110. — Ananas.

Dessin au pastel sur papier de couleur.

111. — Coupe remplie de Raisins blancs et noirs.

Dessin au trois crayons sur papier de couleur.

112. — Cloche blanche des haies.

Dessin sur papier gris rehaussé de blanc.

113. — Groupe d'Ellébores sauvages et cultivés.

Dessin au bistre relevé de blanc.
Signé et daté 1810.

114. — Groupe de Roses de Hollande.

Dessin au bistre, lavé sur papier blanc.

115. — Les Nèfles.

Dessin aux trois crayons sur papier de couleur.
Tous ces dessins ont été acquis pour notre Musée par M. Clément Reyre, premier adjoint à la Mairie, en 1847.

116. — Tête d'étude.

Aux trois crayons, sur papier de couleur.
Donné au Musée par M. Ch. Michel fils.

BOISSIEU (Jean-Jacques de).

117. — Le Cellier.

Donné au Musée par M. Ch. Michel fils.
Signé et daté 1769.

T. — Haut. 28 c. — Larg. 31 c.

DOUAIT, professeur pour la fleur à Lyon en 1750.

118. — Fleurs dans un Vase posé sur un socle.

Acquis par M. Bret, ancien préfet du Rhône.
T. — Haut. 62 c. — Larg. 55 c.

119. — Portrait de Pierre Drevet, graveur lyonnais.

Donné par M. Ch. Michel fils.
T. — Haut. 1 m. 12 c. — Larg. 80 c.

120. — Portrait d'Epinat.

Au crayon, par son ami Gagneraux (B.-C.).
Fait en 1809.
Donné au Musée par Madame veuve Epinat.

FLACHERON (Isidore).

121. — Vue prise à Subiacco.

Un Berger et son Troupeau près d'un torrent.
Acquis par la Ville en 1853.
Signé et daté Rome 1852.

FLANDRIN (Paul).

122. — Les Pénitents de la Mort dans la campagne de Rome.

Signé.
Acquis par les soins de M. le Sénateur Vaïsse.

T. — Haut. 1 m. — Larg. 1 m. 32 c.

123. — Vue des bords du Rhône.

Donné par le ministre d'Etat en 1857.
Signé.

B. — Haut. 45 c. — Larg. 56 c.

GENOD (Michel).

124. — Le peintre Stella à Rome, dessinant une Vierge avec du charbon sur les murs de sa prison.

Signé et daté 1851.
Acquis par la Ville sur les fonds Grognard.

T. — Haut. 2 m. 60 c. — Larg. 2 m. 10 c.

GROBON (Michel).

125. — Pyramide à Vienne (Isère.)

Donné par l'auteur à son ami Arthaud, qui l'a légué au Musée.

126. — Son Portrait à l'âge de 20 ans.

Donné au Musée par M. Ch. Michel fils.

GIRARDON (Gustave).

127. — Ruines et Terrasse du château de Grignan (Drôme).

Signé et daté 1856.
Acquis par les soins de M. le Sénateur Vaïsse.

T. — Haut. 76 c. — Larg. 1 m. 26 c.

GUY (Louis), élève de l'Ecole des Beaux-Arts de Lyon.

128. — Un marché d'Animaux.

Signé et daté 1851.

T. — Haut. 90 c. — Larg. 1 m. 15 c.

JACOMIN (Jean-Marie).

129. — Portrait de Richard, peintre.

Signé et daté 1852.
Acquis sur les fonds Grognard.

T. — Haut. 1 m. 40 c. — Larg. 1 m. 7 c.

JANMOT (Louis), élève d'Ingres.

130. — Portrait en pied du général Gémeau.

(Ce Portrait a été commandé par une réunion de citoyens, qui l'ont offert au Musée.

Signé et daté 1850.

T. — Haut. 2 m. 20 c. — Larg. 1 m. 55 c.

MARTIN D'AUSSIGNY, élève de M. Revoil.

131. — La Sainte Vierge et l'Enfant Jésus.

Peinture à la cire.

Signé et daté 1851.

T. — Haut. 1 m. 10 c. — Larg. 88 c.

MONTESSUY (J.-F.), élève d'Ingres.

132. — La Madone des Grâces, à Cerbara (Etats Romains).

Signé et daté Rome 1852.

T. — Haut. 94 c. — Larg. 82 c.

Donné au Musée par S. M. l'Empereur Napoléon III.

REIGNIER (Jean-Marie).

133. — Le Buste de S. M. Hortense-Eugénie, reine de Hollande, au milieu d'attributs de Fleurs et de Fruits.

Acquis par M. le Sénateur Vaïsse pour le Musée. Signé et daté 1856.

T. — Haut. 2 m. 11 c. — Larg. 1 m. 60 c.

REMILLIEUX (Pierre), élève d'Augustin Thierriat, né en 1811, mort à Lyon le 9 février 1856.

134. — Coupe de bronze remplie de Fleurs et de Fruits.

Signé et daté 1849.

T. — Haut. 1 m. — Larg. 70 c.

SERVAN (Florentin), élève d'Augustin Thierriat et de la nature.

135. — Magdeleine dans le Désert.

Acquis par M. le Sénateur Vaïsse pour le Musée. Signé.

T. — Haut. 80 c. — Larg. 1 m.

STELLA (JACQUES), élève de son père.

136. — Pastorale.

Donné au Musée par M. Ch. Michel fils.

T. — Haut. 15 c. — Larg. 30 c.

137. — Portrait de Stella, peintre lyonnais, peint par lui-même.

Ce beau Portrait a été gravé à l'eau-forte par Claudine Stella, sa nièce.

Acquis par M. le Sénateur Vaïsse, pour notre Musée.

T. — Haut. 85 c. — Larg. 68 c.

SURY (GILBERT).

138. — Les Bergers.

Un jeune chevrier effraie sa sœur en lui montrant un lézard qu'il tient dans sa main.

Signé et daté 1850.

T. — Haut. 1 m. 65 c. — Larg. 1 m. 21 c.

THIERRIAT (Augustin), élève de Grognard et Revoil.

139. — Groupe de Fleurs dans un Vase du Japon, posé sur une table gothique.

Signé et daté 1854.
Acquis par M. le Sénateur Vaïsse, pour le Musée.

T. — Haut. 66 c. — Larg. 53 c.

140. — Portrait de Thierry, sculpteur lyonnais, par Largillière.

Acquis par M. le Sénateur Vaïsse, pour le Musée.

T. — Haut. 92 c. — Larg. 72 c.

ALLEMAND (Hector).

141. — Temps orageux.

Lisière du bois de Ruben, près Poncherry (Isère).
Signé et daté 1857.

T. — Haut. 65 c. — Larg. 96 c.

Acquis en 1858 par M. Vaïsse, Sénateur, chargé de l'administration du département du Rhône.

CHAINE (Achille), né à Lyon, élève de l'Ecole des Beaux-Arts de Lyon.

142. — Napolitains allant présenter leur enfant au baptême.

Signé.

T. — Haut. 1 m. 12 c. — Larg. 1 m. 45 c.

Acquis par M. Vaïsse, Sénateur, chargé de l'administration du département du Rhône.

CINIER (Antoine-Ponthus).

143. — Le Lavoir.

Près d'une fontaine, des femmes italiennes prennent de l'eau et lavent du linge ; au deuxième plan, sous de beaux arbres, un voyageur se repose et demande sa route à une jeune fille. Dans le fond, on aperçoit une villa.

Signé.

T. — Haut. 97 c. — Larg. 1 m. 63 c.

Acquis par M. Vaïsse, Sénateur, chargé de l'administration du Rhône.

GUINDRAND (Antoine).

144. — Vue de la rivière d'Ain.

Au premier plan, sur le bord de la rivière, plusieurs chaumières, troupeaux au pâturage ; dans le lointain on aperçoit les hautes montagnes du Bugey.

Signé et daté 1855.

T. — Haut. 93 c. — Larg. 1 m. 43 c.

Acquis en 1857 par M. Vaïsse, Sénateur, chargé de l'administration du département du Rhône.

JACOMIN (Jean-Marie), né à Lyon le 2 février 1789, mort dans la même ville le 5 mai 1858.

145. — Portrait de l'auteur peint par lui-même, à l'âge de 47 ans.

Signé et daté 1836.

T. — Haut. 80 c. — Larg. 64 c.

Acquis en 1858 par M. Vaïsse, Sénateur, chargé de l'administration du département du Rhône.

LEHMANN (Auguste), né à Lyon, élève de l'Ecole des Beaux-Arts de Lyon.

146. — Portrait de M. Grobon, ancien professeur de l'Ecole (dessin à l'estompe).

T. — Haut. 27 c. — Larg. 22 c.

Donné au Musée en 1858 pas Mlles Rivoire.

MAGNIN (André).

147. — Portrait de l'auteur peint par lui-même, à l'âge de 27 ans.

Signé et daté 1821.

T. — Haut. 26 c. — Larg. 20 c.

Acquis par M. Vaïsse, Sénateur, chargé de l'administration du département du Rhône.